COUP D'OEIL

SUR

LA SITUATION

AU 15 DÉCEMBRE 1851,

PAR M. LE COMTE

DE DELLEY DE BLANCMESNIL.

PARIS

TYPOGRAPHIE HENNUYER, RUE DU BOULEVARD, 7, BATIGNOLLES.
Boulevard extérieur de Paris.

COUP D'OEIL

SUR

LA SITUATION

AU 15 DÉCEMBRE 1851.

Nous nous garderons des grands mots, des *phrases*. A l'aide des lumières du simple bon sens, nous tâcherons de porter un regard calme, indépendant et net, sur le présent et sur un avenir rapproché. Bien voir est la loi de vie pour les hommes réunis comme pour l'individu; c'est le salut pendant le danger; c'est la sécurité fondée après le danger ; c'est la première condition pour bien agir, partout et toujours [1].

Commençons donc par tracer un exposé fidèle de la situation qu'a tranchée le 2 *décembre*. Nous essayerons ensuite de porter sur les faits actuels et sur leurs premières conséquences, un jugement qui éclaire la route à tenir. Libre de tout esprit de parti, nous cherchons à nous placer au point de vue du pays, en ne tenant compte que des manifestations et des tendances les plus générales.

I

La France était engagée dans une impasse mortelle, créée par la Constitution de 1848.

Il lui fallait constitutionnellement arriver, en dépit d'elle-même, à la date de mai 1852, ce rendez-vous des craintes comme des espérances les plus dangereuses, des plus atroces projets comme des plus absurdes et à la fois des plus désastreuses rêveries. Le seul moyen légal d'échap-

---

[1] *Animus vereri qui scit, scit tuta ingredi.* (Publius Syrus.)
Une prudente crainte assure le chemin.

per à cette échéance sinistre s'évanouissait devant
le refus opiniâtre de la minorité de l'Assemblée
législative de voter la révision, minorité dont le
chiffre se trouvait suffisant, d'après l'article 3 de
la Constitution, pour transformer, dans cette circonstance de vie ou de mort, cette minorité en
majorité souveraine.

Et comment se présentait-on à cette crise fatale? On l'abordait non-seulement pendant l'a-
gonie légale des deux grands pouvoirs de l'Etat,
mais encore à travers leur hostilité quelquefois fla-
grante et leur guerre toujours souterraine; lutte
qui devait ou faire disparaître le pouvoir vaincu,
ou si les deux pouvoirs, tout en se combattant, par-
venaient à coexister jusqu'à leur dernière heure
constitutionnelle, les dépouiller de plus en plus
du reste d'autorité et de prestige qu'aurait pu leur
laisser un complet accord.

Cet antagonisme des pouvoirs, qui, à l'instant
suprême surtout, devait les paralyser compléte-
ment pour le bien, leur donnait au contraire dans
le sens anarchique une action funeste par l'exem-
ple, et fournissait d'ailleurs par leur affaiblis-
sement plus que normal et la déconsidération
que chacun d'eux travaillait ardemment à ré-

pandre sur l'autre, une force immense et le plus puissant encouragement aux ennemis du repos public.

Tel était le triste secours ou plutôt le nouveau péril créé par ce qui aurait du être notre ancre de salut.

Mais enfin, auraient pu dire quelques hommes candides et en même temps ces roués politiques qui provoquent ou acceptent toutes les situations propices à leurs machinations de coterie et à leur convoitise du pouvoir; mais enfin, auraient pu dire ces hommes, si différents de sentiments et de volontés, et cependant marchant, sans s'en douter, au même but : « La France se suffira à elle-même. Appelé dans ses comices, le pays, sans tuteurs, saura bien trouver un homme d'un côté et sept cent cinquante hommes de l'autre, capables de pourvoir à sa destinée. Laissez-le faire et surtout laissez-nous renommer, et tout sera sauvé ! »

Mais ce langage n'était plus possible. L'instrument même du renouvellement des pouvoirs, la loi électorale, était en question. C'était le point capital qui scindait le plus profondément, en apparence, les deux pouvoirs. Il avait même scindé *la grande majorité du grand parti de l'ordre*, et dans une proportion si perfidement amenée par le hasard, que c'était en vain qu'on cherchait dans l'urne non-seulement une majorité imposante pour ou contre la loi, mais même une majorité *quelconque*. Une seule voix, en effet, voix qui, après beaucoup de vérifications et de vacillations dans le chiffre définitif des votes, devenait même problématique, contestée qu'elle était par deux représentants affirmant avoir voulu voter en sens inverse du bulletin qu'on leur attribuait; une seule voix, à grand'peine, donnait cours et sanction à l'article fondamental (celui du domicile) de la loi qui devait décider des destinées de la France. Malheureuse Assemblée qui, quelques jours avant ce vote, à propos de la bizarre proposition des trois questeurs proposant, eux-mêmes, qu'à eux-mêmes pussent être délégués par le président de l'Assemblée ses pouvoirs *réquisition-naires* (délégation qui sans doute, dans leur pensée, répondait aux plus dangereuses éventualités); malheureuse Assemblée, malheureux questeurs qui, tout à coup, à leur stupéfaction indicible, avaient vu surgir de l'urne un vrai chaos des partis, un échange fantastique d'hommes et de votes éperdus, qui enfantèrent cette fois une majorité de cent huit voix en faveur du pouvoir exécutif contre lequel, au moment même du vote, l'Assemblée en masse, se regardant comme outragée, fulminait les plus terribles anathèmes.

Disons ici quelques mots de la loi du 31 mai.

Cette loi avait été sans doute un acte de courage, un défi jeté à la démagogie qu'elle frappait dans la population flottante, en grande partie corrompue ou facile à séduire. Résolument votée, et soutenue par l'épée d'un général aussi alerte que prévoyant, aussi bien inspiré dans les cas imprévus que foudroyant dans l'exécution, elle s'était vue proclamée, et plus tard pratiquée sur différents points de la France sans obstacles de fait, sinon sans protestations et sans menaces; menaces et protestations dont l'effet, par suite d'un dangereux et adroit calcul des anarchistes, était toujours reporté à la date de 1852.

Au point de vue du *moment*, et quoique plusieurs localités et même des provinces entières eussent eu à se plaindre des pertes majeures qu'avaient entraînées les radiations dans les rangs des bons citoyens; cette loi, au point de vue de la force morale dont elle avait revêtu l'Assemblée, avait été assurément par *son effet immédiat* un acte heureux et louable. La loi du 31 mai avait été surtout une réponse énergique à l'élection de M. Eugène Sue, en portant un coup mortel aux éléments et à l'organisation compacte des élections révolutionnaires de Paris. Ses effets toutefois, par suite des élections partielles qui pouvaient avoir lieu pendant la législature, ne devaient guère se faire sentir dans l'Assemblée, dont la majorité alors considérable n'avait rien à craindre ni à désirer du dehors. Le puissant effet de cette loi avait été tout moral, par la confiance qu'elle avait rendue à la partie saine et trop souvent timide de la nation : elle avait même, en s'appliquant, reçu une sorte de consécration du parti qui protestait contre elle; car ce parti, tout en prétendant s'abstenir, avait, à plusieurs reprises, cédé à la tentation de tremper ses mains pures dans l'urne de cet abominable suffrage restreint, dès qu'il s'était cru quelques chances d'y puiser la victoire.

Mais le coup d'œil du législateur doit s'étendre au delà de l'horizon le plus rapproché. Le bien présent, qui ne peut s'obtenir qu'en chargeant l'avenir, n'est une tentation que pour les courtes vues, ou pour les hommes qui, ne vivant qu'au jour le jour et croyant impossible de prévoir et de préparer l'avenir, se livrent et se résignent imbécilement, et quelquefois criminellement, surtout quand ils représentent leurs concitoyens, aux ténèbres et aux hasards les plus terribles de la destinée.

Deux considérations auraient dû faire hésiter à porter la loi du 31 mai : la prévision d'une conflagration générale en 1852, et l'attitude du président de la République.

Sans doute, par elle-même, la date de mai 1852 était hérissée de périls. Mais si des masses égarées étaient à redouter, interdire ces masses quant au droit électoral, les supprimer politiquement sans qu'aucune grande catastrophe, sans qu'un changement de gouvernement, sans que l'avénement d'un nouveau principe pussent leur expliquer cette déchéance, c'était former une sorte de corps immense d'exclus se dressant contre les citoyens *privilégiés*, corps dont les innombrables membres, répandus partout, auraient sans doute, non-seulement entravé violemment l'exercice d'un droit qu'on leur avait retiré, mais tenté de recouvrer ce droit par les armes ; c'était s'ôter non-seulement l'avantage de profiter de quelques excellents et incorruptibles éléments qui existaient dans

les catégories retranchées, mais encore, peut-être,
de l'action des honnêtes influences et de quelques
retours salutaires ; c'était jeter une armée à la démagogie et au socialisme en leur donnant à la
fois *un drapeau, un cri, et un jour* ; drapeau, cri
et date qui avaient, en quelque sorte, un corps et
un esprit : un esprit dans la revendication d'un
droit reconnu, fixé et récemment exercé ; un corps
dans l'action universelle et simultanée de masses
naturellement turbulentes, et surexcitées, cette
fois, par une longue fermentation et par une incomparable occasion de succès ; c'était cette grande
question du suffrage, qui, dans les républiques
anciennes, enfanta de si terribles événements et
quelquefois changea jusqu'à la face du monde, dé-
battue de nos jours, dans le sang, entre des millions d'hommes ; en un mot, c'était peut-être, par
les effroyables et incalculables conséquences de
cette lutte, le dernier jour de la société.

L'armée, en admettant qu'elle ne se laissât
ébranler dans aucune de ses parties par ce senti-
ment d'égalité complète qui l'avait fait comprendre elle-même dans le droit universel de suffrage,
l'armée, restant unie et ferme, aurait-elle pu partout, le même jour, au même moment, dominer

ces multitudes se soulevant sur tous les points et se tenant par une même cause et une même volonté, sans parler des mêmes appétits férocement cupides? Non, mille fois non. Prise à l'improviste et déjà vaincue ou contenue aux points centraux, la démocratie sociale, ou plutôt la barbarie qui aurait tout entraîné, a montré ce qu'on eût pu attendre d'elle à jour fixe. Certes, l'armée, tout admirable qu'elle a été, n'a pu suffire à prévenir bien des malheurs, bien des atrocités. Elle a tout vaincu, mais n'a pu tout empêcher ni tout réparer. Qu'eût-ce donc été si, même aujourd'hui, un plus grand nombre de départements, travaillés par le socialisme, se fussent soulevés *tout entiers et en même temps*, seulement dans plusieurs régions de la France? Il faut être insensé pour prétendre qu'il eût été facile de contenir, de refouler toutes ces convoitises ameutées sous la bannière apparente du droit, bannière qui aurait réuni certainement autour d'elle encore un certain nombre d'hommes honnêtes mais aveuglés.

Ces prévisions redoutables qu'un instinct sûr donnait au pays, la représentation nationale aurait dû les peser dans toute leur gravité et dans toute sa prudence.

Mais, admettons que l'Assemblée législative, sevrée de l'espoir de la révision (cette révision même eût-elle été un véritable remède? on doit en douter), se décidât à livrer bataille, en donnant ainsi l'heure et le mot d'ordre à l'ennemi, il fallait au moins, pour que la lutte pût être abordée, même par la pensée, il fallait être assuré, indispensablement et avant tout, de l'union la plus parfaite, la plus indissoluble des deux grands pouvoirs, et de leur inébranlable détermination de maintenir, envers et contre tous, la loi du 31 mai, se gardant de lui porter la moindre atteinte, même pour l'améliorer.

Comment les fortes têtes de l'Assemblée législative, les représentants, lumières du pays, qui, par la pratique des hommes et le maniement des affaires publiques, n'auraient pas dû ignorer la logique des situations ni celle des ambitions, n'ont-ils pas compris et fait comprendre toute l'imprudence qu'il y avait de faire une loi dont l'application définitive et suprême aux élections de 1852 ne pouvait être, je ne dirai pas salutaire, mais possible que par l'union et, en quelque sorte, l'identification des pouvoirs législatif et présidentiel?

Cette loi du suffrage restreint ne devait-elle pas, d'ailleurs, donner une grande force à celui qui rendrait le suffrage universel, en arborant en même temps le drapeau de l'ordre ? N'était-ce pas donner l'occasion et la tentation à celui qui avait la force matérielle pour contenir, de prendre l'ascendant et d'exercer la séduction d'une sorte de restitution démocratique qu'on pouvait seulement risquer en disposant de l'armée, soutenant et encourageant ainsi l'opinion considérable des honnêtes gens et faisant plier, sous l'union de la force morale et matérielle, toutes les résistances ?

Mais cette conviction d'un accord inaltérable, qui semblait interdite par la constitution même des deux pouvoirs, était-elle au moins autorisée par les faits ?

Non. Déjà, en plusieurs occasions, ne s'étaient que trop manifestés des ferments de division, des susceptibilités, des défiances, des irritations ! Sans doute des paroles rassurantes avaient été prononcées ; de bons rapports, en apparence, s'étaient rétablis après des commencements d'hostilité : mais ne pouvait-on pas apercevoir que la nécessité de gagner du temps de part et d'autre, de se mieux connaître et de se sonder réciproquement, enfin, d'éviter un conflit prématuré, avait été le seul ciment de ces rapprochements contre nature?

Pouvait-on se confier à une loi de salut public, quand le salut de cette loi dépendait non-seulement d'un fait improbable, dans le sens favorable à la loi, mais encore du fait contraire, plus que probable, pour ne pas dire inévitable, dans le sens funeste à la loi ?

Ainsi, la loi du 31 mai, bonne comme loi de circonstance, présentait comme loi définitive d'immenses dangers, soit du côté du peuple, soit du côté du pouvoir exécutif.

Mais on n'avait pas seulement à craindre la neutralité ou le faible concours du président, comme conséquence d'un état de rivalité plus que probable entre les pouvoirs. Mille bruits, si-non avoués, du moins tolérés, puisqu'ils n'étaient pas suffisamment démentis, semblaient à la fois sonder et préparer l'opinion publique, et pouvaient servir d'indice à un œil attentif pour voir la direction que se ménageait et que finirait par suivre ouvertement le président de la République.

Louis-Napoléon Bonaparte, s'il avait voulu simplifier sa conduite, aurait pu, du reste, se borner à prendre le contre-pied de ce que semblait

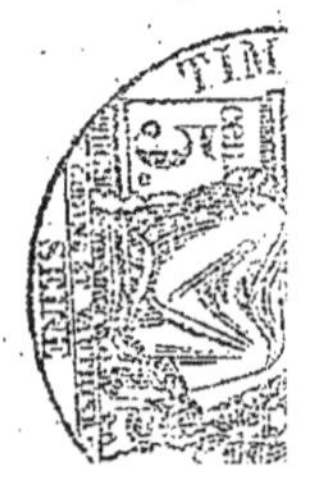

vouloir l'Assemblée. De même que la Constituante, *sur ses fins*, la Législative sentait l'opinion publique se retirer d'elle. L'opinion, dont elle avait fait son unique soutien (car elle avait craint, si elle eût réclamé l'appui des baïonnettes, de s'aliéner le pays, en ayant l'air de ne pas compter exclusivement sur lui, et surtout en provoquant, par un acte de défiance, le président de la République), l'opinion la laissait s'agiter dans le vide. On sentait qu'elle ne renfermait aucune force vitale, qu'elle n'était pas plus que la Chambre de janvier 1848, quoique nommée avec une mission plus claire, la représentation vraie des aspirations et des besoins du pays. Issue du suffrage universel, elle n'avait apporté que des passions personnelles et mesquines, que des tendances de parti. Le seul parti, dont la force réside dans un principe aussi évident qu'inaltérable, et qui, à cet égard, ne pouvait faire de concessions, le parti légitimiste, avait fait de vains efforts pour rallier sous l'étendard d'une hérédité monarchique incontestable, tous les éléments royalistes. De hautes intelligences, des esprits fermes et pénétrants, des âmes où vibrait encore le patriotisme, avaient répondu noblement à cet appel fait au nom du

salut de la France. Tout le monde sait les noms
éclatants du dernier règne, qui s'unirent dans la
pensée de faire converger toutes les forces monarchiques vers un but unique. Mais un égoïsme profond, des ambitions pleines de défiance et de fiel,
de fausses vues, un feint respect pour les volontés
de la France, qui ne voulait qu'être sauvée, n'im-
porte comment, et non consultée (on ne consulte
pas celui qui va périr et qui crie au secours),
voilà ce qu'on trouvait chez quelques-uns. Ailleurs, c'était l'astuce semblant offrir un concours
qui ne recélait que trahisons. Quel espoir à fon-
der sur tout cela ?

Cependant, sans cet accord de la majorité sous
un seul drapeau, tout était périlleux et mortel pour
l'Assemblée. Au lieu d'entraîner, par son unité, le
pays à sa suite et d'être à la tête des événements ;
dans ses divisions intestines, cette majorité mar-
chait en tâtonnant à la remorque de l'opinion,
qu'elle était aussi impuissante à bien connaître qu'à
satisfaire. Ayant mis sa force dans ce qui lui échap-
pait, elle ne savait que résoudre. Cet état d'anxiété
contribuait à l'amoindrir de plus en plus. Ce n'é-
tait que dépits, appréhensions sans précautions
prises, colères enfantines et sans résultat, inquié-

tude bruyante suivie d'une aveugle apathie et
d'accès d'une étrange confiance ; elle se montrait
à la fois craintive, rétive et condescendante ; elle
se disait bien : « La France veut être calme »,
mais elle ne savait l'exaucer qu'en s'agitant. Cette
versatilité fiévreuse, cette agitation convulsive ne
se propageaient pas, il est vrai ; mais au milieu
d'une situation qu'elle rendait inextricable, autant
par sa majorité divisée que par sa minorité compacte, l'Assemblée sentait vaguement s'accomplir,
en avançant vers la ruine du pays, sa propre ruine
comme corps politique, impuissant à rien conjurer.
Elle était aussi irritée contre elle-même que contre
le pouvoir exécutif ; elle n'avait aucun plan, aucun
but. Son culte pour la légalité était aussi inqua-
lifiable que ses tentations inconstitutionnelles ;
ses fluctuations, ses contradictions, ses irritations
comme ses apaisements la livraient aux sar-
casmes du pays comme aux entreprises de l'autre
pouvoir ; elle n'était capable que de velléités qui
se perdaient dans de vains orages. C'était la tour
de Babel et la confusion des langues ; car chaque
fraction de cette Assemblée parlait son langage, qui
ne pouvait être compris par les autres fractions.
Aussi, parfois dans la même séance, voyait-on tous

les éléments se mêler, se séparer, se confondre encore, sans savoir pourquoi. La France avait fini par ne voir dans cette réunion, qui comptait cependant tant d'hommes honorables, soit dans leur carrière publique, soit dans leur vie privée, et même tant de personnages célèbres; la France avait fini par n'y voir qu'un corps sans âme, c'est-à-dire sans volonté déterminée, incapable de résoudre les terribles difficultés qui s'amoncelaient et de se soutenir lui-même. C'était la paralysie de toute volonté, de toute action, par la neutralisation des forces qui se divisaient et se décomposaient à chaque instant, de manière à s'annuler toutes et à produire une confusion telle que personne ne pouvait plus distinguer ni amis ni ennemis, ni cause ni effet. C'était le néant du chaos.

L'Assemblée n'existait donc plus que de nom. Ainsi que presque tous les pouvoirs qui succombent, elle se suicidait sans trop s'en rendre compte; mais, comme tout ce qui garde un reste de vie répugne à l'approche de la destruction, obéissant à l'instinct de la conservation, elle tâchait de prendre le change, et fermait les yeux aux symptômes de sa mort. Le même aveuglement qui la conduisait à sa perte lui voilait sa dernière heure.

Qu'aurait pu faire l'Assemblée pour ne pas mourir ainsi?

La réponse à cette question nous donnera la clef de la situation.

Ce qui pouvait uniquement sauver l'Assemblée, c'était, disons-le nettement, un coup d'Etat fait par elle.

Le coup d'Etat, c'est-à-dire le renversement de la Constitution, était une mission dont la France avait virtuellement investi les pouvoirs émanés d'elle, et dont le salut de la nation, comme son mandat implicite, faisaient non-seulement une nécessité, mais un devoir. Le coup d'Etat était écrit et dans le choix des hommes formant la majorité, et surtout dans le nom du prince Louis-Napoléon Bonaparte. Un pays de trente-six millions d'hommes ne fait pas de discours; mais, pour qui veut l'entendre, il parle clairement. A ce sujet, on me permettra une citation tirée des lettres de M. Augustin Thierry sur l'*Histoire de France*. Bien que dans ce passage il soit question de l'avénement de la troisième race, on sera frappé des réflexions profondes de l'auteur, qui s'appliquent merveilleusement à l'élection de Louis-Napoléon Bonaparte.

« Les masses populaires, lorsqu'elles sont en mouvement, ne se rendent point un compte exact de l'impulsion qui les domine; elles marchent d'instinct et tendent vers le but, sans chercher à le définir. A ne les considérer que d'une manière superficielle, on croirait qu'elles suivent en aveugles les intérêts particuliers de quelque chef dont le nom fait grand bruit dans l'histoire ; mais cette importance même des noms propres vient de ce qu'ils ont servi de mot de ralliement pour le grand nombre, qui, en les prononçant, savait ce qu'il voulait dire, et n'avait pas besoin, pour le moment, d'une façon de s'exprimer plus correcte. » Ceci était publié en 1827[1].

C'était donc déserter la cause du pays que de laisser debout un régime contre lequel les masses avaient protesté autant qu'il était en elles. Pour tout homme jaloux de remplir son mandat et dévoué de cœur et d'intelligence, et non de bouche, au peuple, la révision devenant légalement impossible, le coup d'État devenait une loi, je dirai pres-

---

[1] In-8°, Paris, 1827, p. 197 et 198.

que un acte de conscience ; car il y avait une sorte
de forfaiture à se laisser garrotter dans la lettre de
ce qu'on avait mission de *détruire*, et j'ajoute de
remplacer. En effet, sous peine de trahison, si
l'on abattait d'une main, il fallait réédifier de l'autre. C'est cette double condition qui sépare les
grands citoyens, les véritables hommes d'Etat, des
révolutionnaires de bas étage.

Mais parcourons les diverses hypothèses que
comportait l'accomplissement du coup d'État.

Il pouvait être fait de trois manières :

Ou par la majorité d'accord avec le Président ;

Ou par l'Assemblée renversant le Président ;

Ou par le Président supprimant l'Assemblée.

II

Le coup d'État par la majorité de l'Assemblée,
d'accord avec le président de la République, ne
pouvait produire que la révision.

Mais, de même que les jurés, en prononçant
leur verdict, ne peuvent s'affranchir de la considération de la peine qu'il entraîne, et atténuent
souvent leur déclaration, ou même arrivent, en

songeant aux conséquences, à transformer un *oui* en *non*; ainsi la majorité, craignant que le coup d'État fait en commun n'eût pour résultat inévitable l'abrogation de l'article 45, c'est-à-dire la prolongation, probablement à long terme, des pouvoirs de Louis-Napoléon, devait être peu disposée au coup d'État par les deux pouvoirs.

De son côté, le Président, comprenant bien que sa principale force contre les anciens partis monarchiques, comme il les appelait, lui venait de leurs divisions, et que, dans l'hypothèse de leur accord, il ne pouvait recourir qu'aux masses qui déjà, en dépit de la Constituante et sauf le vote des fonctionnaires, l'avaient nommé tout d'une voix; de son côté, disons-nous, le Président devait vouloir ses sûretés. Il aurait apporté au service du coup d'État fait en commun, l'armée, dont il disposait, comme il l'a prouvé; mais pour ne pas risquer de faire, au profit d'une monarchie dont il n'aurait pas été le chef, ce léger sacrifice de la Constitution, léger quant à la victime, mais sérieux par les conséquences, outre l'armée, il apportait encore le suffrage universel. Par l'armée, tout soulèvement devait être vaincu; par le suffrage universel qu'il rétablissait après avoir maintenu l'ordre, sa réélection était assurée. Cette habile combinaison ne faisait pas le compte de la majorité.

Il faut le dire, si Louis-Napoléon Bonaparte avait répondu, en grande partie, à l'attente du pays, il n'avait pas répondu à l'opinion que l'Assemblée s'était faite de lui. Voyant le mouvement irrésistible de l'opinion en faveur de ce nom populaire, plusieurs des hommes qui formèrent plus tard la majorité de la Législative lui avaient donné leur voix. La pensée d'entourer de la plus grande force possible celui qui allait exercer le pouvoir les avait décidés. Mais on ne voyait, généralement, dans le passé de ce prince que ses témérités et une vie d'aventure. Loin de chercher dans ses écrits la révélation de sa valeur personnelle et de la direction de ses idées, écrits où l'on aurait trouvé à chaque page le projet de s'attirer la faveur des masses, les représentants n'avaient à la bouche que *Strasbourg* et *Boulogne*. Ces deux mots de dédain remplaçaient les deux mots de flatterie qui avaient salué l'avénement de Louis-Philippe. Ce n'était plus le refrain de Jemmapes et Valmy de glorieuse mémoire, c'était celui de Strasbourg et Boulogne, de Boulogne et Strasbourg de compromettant souvenir. Aussi, de profonds politiques, versés dans la connaissance des hommes, avaient-ils jugé, lors de la candidature de ce prince à la présidence de la République, que le choix d'un tel homme serait une honte pour la France. Il est vrai qu'ils avaient conclu... en votant pour lui !

En définitive, cet homme qui aurait pu les inquiéter, ne fût-ce que par son audace et son esprit d'entreprise, les rassurait, au contraire (tant ils se berçaient dans l'infaillibilité de leur jugement), convaincus que, à la faveur de son incapacité, ils allaient sous son nom disposer du pouvoir. A leurs yeux, c'était mieux qu'un roi fainéant; c'était un fantôme représentant le pouvoir populaire, et c'est ce nouveau pouvoir plein d'immunités que les grands politiques se préparaient à exploiter derrière le fantôme. Leur but était surtout de faire servir le président de la République à rétablir une monarchie de leur choix. Le projet leur paraissait si simple, si naturel, si légitime, qu'ils étaient indignés de ce que le Prince, chef de la maison Impériale, ne s'y prêtât pas complaisamment. Il est vrai qu'il n'y avait qu'un prétendant d'exclu, et que ce prétendant, c'était lui. Mais l'abnégation leur paraissait *la vocation* de celui qui avait réuni six millions de suffrages et qui s'appelait Bonaparte.

Les deux pouvoirs ne pouvant donc s'entendre ni sur les moyens, ni surtout sur le but du coup d'État; cette voie pour sortir de l'abîme constitutionnel se trouvait fermée.

Le coup d'État par l'Assemblée seule présentait plus de difficultés encore.

S'exposer à la prorogation des pouvoirs de Louis-Napoléon, c'était risquer l'avenir que les partis voulaient réserver, dans l'espoir de s'en emparer; mais renverser le Président, c'était se transformer en Convention, en concentrant tous les pouvoirs dans l'Assemblée. Or, la fusion entre les légitimistes et les orléanistes n'étant pas faite et irrévocablement scellée, la majorité, divisée dans ses vœux et travaillée par des défiances réciproques, reculait devant un pouvoir dictatorial qui plaçait la crise dans son sein.

Tout tendait dans le pays, par le besoin d'une dictature, à la concentration du pouvoir. Mais, contrairement à la tendance de la première révolution, ce n'était pas du côté de l'Assemblée que se rencontraient ni l'énergie de la volonté, ni l'autorité des actes, ni la force de l'opinion. Cette fois tout allait à l'unité du pouvoir sous l'unité d'un nom illustre; d'ailleurs, bonne pour ouvrir les révolutions, une Assemblée, généralement, est impuissante à les fermer. L'esprit de modération d'une Assemblée qui craint les secousses et les violences, lui ôte l'énergie et l'initiative nécessaires aux promptes et décisives mesures; ce n'est que par ses extrémités qu'une Assemblée devient omnipotente; quand le centre fait la loi, son pouvoir doit rester secondaire. Tel était le sort de cette réunion.

Dépourvue de la force morale et de la confiance en elle-même qui l'auraient rendue capable de tenter un coup d'État, l'Assemblée avait laissé échapper, d'un autre côté, les moyens matériels, indispensables pour l'exécuter. Quand le commandement en chef de l'armée de Paris fut retiré au général Changarnier, l'Assemblée se détourna de ce fait capital par crainte, en provoquant un conflit, de s'aliéner l'opinion, et se préoccupa plus d'obtenir un succès puéril en forçant le ministère à la retraite, que de parer à l'échec profond et décisif qu'elle essuyait dans la destitution du chef militaire qui avait sa confiance. A dater

de ce jour, si le Président renversait la Constitution, l'Assemblée n'avait plus d'autre ressource
que les barricades, et se trouvait dans la déplorable alternative ou de se croiser les bras devant
l'absorption de tous les pouvoirs par le Président,
ou de prendre la défense d'une Constitution dé-
testable dont la majorité ne voulait pas, avec le
secours d'un horrible parti qui, lui, ne combat-
trait que pour tout mettre en lambeaux indistinc-
tement, hommes, choses, principes et société.
Dégoûtant et funeste rapprochement, qui eût été
plus cruellement puni encore dans la rue que ne
l'avait été dans l'enceinte de l'Assemblée le pêle-
mêle des royalistes et des montagnards, horrible
confusion qui avait déjà perdu moralement la représentation nationale.

Quand l'Assemblée, après avoir impunément
laissé les journaux dévoués à l'Élysée (non pas, il
est vrai, officiellement avoués), diriger contre elle
et contre les partis monarchiques l'opinion publique fatiguée de révolutions, de discours, de polé-
mique et surtout de scandaleux débats; quand
l'Assemblée crut enfin se voir dans un suprême
péril, elle voulut trop tard aviser aux moyens de
se sauvegarder. Mais une réponse adroite du Pré-

sident de la République suffit à la rassurer, ou du moins la dissuada de prendre des mesures efficaces. « L'Assemblée, dit Louis-Napoléon, aura une armée mais point d'ennemis. » Un mot heureux et habile, prononcé par celui qu'on croit disposé à vous détruire, doit-il donc dispenser de toute prudence? L'Assemblée n'avait plus même le courage de sa conservation. Elle se sentait, se voyait mortellement menacée, et s'amusait à discuter sur le droit de réquisition, qui finit au milieu de ses vains débats par lui être nettement dénié par M. de Saint-Arnaud, ministre de la guerre; et, tandis que ce général, après cette déclaration toute militaire, allait à ses canons, l'Assemblée écumante sous ces paroles catégoriques, qui semblaient défier son autorité et son droit, l'Assemblée s'armait de bulletins qui foudroyaient.... qui? l'innocente proposition des questeurs.

Il était mille fois trop tard il est vrai! Mais enfin, si l'Assemblée eût été compacte, en un quart d'heure elle pouvait, d'après l'article 32 de la Constitution, fixer à trente ou qurante mille hommes le chiffre des troupes dont elle entendait disposer; et, par le même décret, donner le commandement de cette armée à un général de son choix [1]. Mais elle se sentait, je ne dirai pas sous les serres de l'aigle impériale, mais tout bonnement sous la main des sergents de ville prêts à la saisir au collet, et délaissée de l'armée prête seulement à mitrailler l'émeute, sous quelque forme que l'émeute levât la tête.

Rendons justice aux hommes de cœur qui ont courageusement défendu leur mandat et proclamé l'inviolabilité des représentants du peuple. Une partie considérable de l'Assemblée, réunie à la Mairie du 10e arrondissement, a même déclaré déchu de ses fonctions et décrété d'accusation Louis-Napoléon Bonaparte. Mais dans une autre mairie, tous ceux des représentants qui aujourd'hui forment la *consulte* du prince, auraient pu décréter que Louis-Napoléon avait bien mérité de la patrie, en fermant d'une main aussi hardie que puissante le gouffre de l'anarchie et

[1] Le pouvoir exécutif avait beau contester à l'Assemblée le droit de choisir le général commandant des forces qui devaient la protéger, le bon sens comme l'esprit de la Constitution ne pouvaient laisser de doute à cet égard. Et d'ailleurs, il ne s'agissait pas là d'une question de forme, et s'il fallait en venir à sortir de la Constitution, c'était le jeu de l'Assemblée d'en sortir par là.

du socialisme, vers lequel la France s'avançait chaque jour *constitutionnellement*.

Soyons sincères; ce qui porte à faux manque son effet. Si le plan et le moment d'un coup de main peuvent rester secrets, les projets qui l'a— mènent et qui toujours ont besoin plus ou moins du concours de l'opinion se font jour à l'avance. D'ailleurs les passions irritées, surtout dans une nombreuse assemblée, gardent mal le silence. Nous en savons assez pour ne pas douter que le coup d'Etat, fait par le Président contre l'Assem— blée ou plutôt contre la Constitution, avait été sur le point plusieurs fois d'être tenté par l'Assemblée contre le Président. Et, je le demande, était-ce pour sauver ou venger la Constitution qu'on essayait de mettre en jugement le Président? Eût-on voulu par là *maintenir la légalité? La moindre violation* qu'on eût fait subir à la Constitution, par suite de la mise en jugement du Président de la République, eût été la révision *inconstitutionnellement* proclamée; donc, à son tour, au nom de la Constitution violée, le Président de la République, s'il se fût échappé de vos mains, eût pu vous frapper comme violateurs de la loi politique.

Si l'on eût démontré successivement à chacun des partis, que, par une violation quelconque de la Constitution, ce parti allait voir son but atteint, chaque parti, à son tour, même les républicains, qui mettent la plupart leur principe au-dessus du suffrage universel, chaque parti, n'en êtes-vous pas convaincus, eût violé et reviolé, déchiré et re-déchiré sans scrupule cet informe chiffon de papier, appelé Constitution ; Constitution qui n'aurait pas même eu pour elle les **200** *citoyens* qui s'acharnaient à la défendre, si elle eût pu être remplacée par une autre qui violentât plus odieusement encore le pays.

Il était évident que celui des deux pouvoirs qui violerait la Constitution le premier, comme naturellement il devait la violer à son profit, attirerait sur lui les foudres de la légalité dont s'armerait le pouvoir devancé. La meilleure tactique semblait donc consister à provoquer et à attendre les premiers coups inconstitutionnels, pour frapper l'audacieux violateur avec les armes mêmes de la Constitution. Mais l'Assemblée n'avait que ses vaines fureurs et ses décrets impuissants à lancer, et même dans l'*égalité* qu'elle pratiquait si bien dans ses votes, il lui était difficile d'avancer ou de reculer. Elle stationnait, tout en bouillonnant de colère, et chaque jour empirait les misères du pays qui s'affaissait dans sa stupeur, et accroissait l'audace des bandits escomptant déjà la date fatale qui s'approchait toujours.

Que fallait-il faire? Celui qui avait des yeux, de l'énergie, de la puissance, de l'ambition surtout, si l'on veut, devait prendre l'initiative. «Personne n'a osé avec moi, personne n'ose sans moi, j'oserai seul», s'est dit Bonaparte, et j'ose dire qu'il a bien fait. Voilà l'explication du coup d'État du 2 décembre 1851.

III

Tous les pouvoirs se trouvent réunis, par la force des choses comme par la force des armes, dans les mains du prince Louis-Napoléon Bonaparte.

Le suffrage universel, il le rend à la France, et attend que la France ait parlé. Si le pays le choisit, le voilà à la tête de la nation et revêtu du plus grand de tous les pouvoirs, du pouvoir constituant.

Je ne suis pas fanatique des arrêts du peuple, mais je comprends qu'un peuple se confie à celui qui l'a sauvé d'un immense péril, réel ou même imaginaire.

Quelle conduite suivront les partis?

L'*abnégation* semble être la plus *opportune* comme la plus intelligente résolution.

Craignez-vous de compromettre, de renier votre opinion en engageant l'avenir?

Mais vous avez voté, peut-être, la Constitution de 1848; mais vous avez voté pour Louis-Napoléon Bonaparte ou pour le général Cavaignac; mais vous avez voté pour la nomination des membres de l'Assemblée législative. Ne consentiez-vous pas ainsi à donner à la France quatre ans du régime déplorable qu'elle vient de subir? Ne lui accordez-vous donc, en dehors de vos vues, qui peut-être sont bonnes, qui peut-être seraient les plus sages, ne lui accordez-vous que des années de tourmente, d'anxiété, de désolation? En conscience, si elle demande grâce et veut un répit au milieu de ces convulsions révolutionnaires, lui marchanderez-vous son temps de repos? ou lui direz-vous : « J'entends que vous respiriez à ma manière, la seule bonne »? Et songez que vous êtes trois à lui tenir ce langage, Légitimistes, Orléanistes, Républicains! Ceci ne serait que l'absolutisme du fanatisme politique, et il y a bien peu d'hommes assez convaincus ou assez fous pour parler ainsi.

Savez-vous ce que je crains ? Ce sont vos illusions, plus dangereuses pour vous-mêmes que pour le pays. Vous pensez sans doute, par vos refus, ou empêcher, ce que je ne crois pas, ce que vous ne sauriez croire, une majorité favorable à l'élection, ou en diminuer le chiffre. Eh bien, je vous pose cette question :

En ce moment, quel gouvernement, quelle autorité croyez-vous possible d'établir en France ? Si, lorsque tout était en suspens, en question, vous n'avez pu faire prévaloir votre cause, croyez-vous avoir de meilleures chances aujourd'hui ? Êtes-vous tous d'accord ? — Mais vous ne tendez pas au même but ! — Et si vous êtes divisés forcément, seriez-vous par hasard certain, chacun de votre côté, d'être le plus fort, si la place était libre ?...

Louis-Napoléon écarté, en serez-vous plus sûrs de votre destinée ? Qui la France acclamera-t-elle, ou qui pourrez-vous imposer à la France ?

Je vous entends dire : « La France se prononcera pour le gouvernement qui surgira ! » A la bonne heure !... Ceci revient à dire que vous vous croyez,

chacun, le plus habile, ou le plus heureux aux
jeux de hasard ! Mais, prenez garde ! Vous retom-
bez ainsi dans les coups de surprise, et nous savons ce que cela coûte, mais non pas encore tout
ce que cela peut coûter.

L'impossibilité est là avec ses doigts de fer. Vous
ne sauriez triompher aujourd'hui.

Vous voulez, dites-vous, réserver l'avenir ! Mais
le parti qui se prépare les meilleures chances est
celui qui aura contribué aux meilleures destinées
de la France. Celui qui aura le plus d'influence est
celui qui se servira de l'influence qu'il a déjà pour
s'agrandir, s'étendre, se rendre nécessaire ; qui,
loin de se tenir à l'écart, tiendra une place chaque
jour plus grande dans les affaires et les intérêts
du pays, et conservera ses convictions dans sa
conscience.

Différant en cela d'avec M. Donoso Cortès et
d'accord avec Vico, je crois que ce qui est bon et
vrai doit l'emporter tant qu'il y a espoir de vie. Si
nous sommes morts, tout est dit ; mais si, empor-
tés sur la pente fatale, nous pouvons espérer des
instants d'arrêt, ce ne sera qu'à la faveur du
retour et du triomphe plus ou moins prolongé du
bien. Êtes-vous dépositaires des saines doctrines

gouvernementales, le gouvernement du pays vous reviendra, mais à la condition de ne pas vous suicider, en disparaissant.

Vous rendez-vous d'ailleurs bien compte du résultat que produirait votre hostilité ou même votre neutralité, par rapport à l'opinion que vous représentez?

Si, comme tout l'indique, le chiffre des billets négatifs et des billets *blancs* est insignifiant, n'est-ce pas le chiffre de vos forces ou plutôt de votre faiblesse que vous allez révéler? chiffre même qui, représentant la somme des oppositions diverses, s'affaiblira encore par les contradictions qu'il renfermera. Car il faut reconnaître que, si d'un côté il y a malheureusement beaucoup d'hommes en France qui regardent comme un jeu légitime de renverser le pouvoir établi quel qu'il soit, à cette opinion d'une profonde immoralité politique, vient d'un autre côté se joindre une opinion qui, par la moralité même d'un principe inflexible, s'oppose à l'établissement de tout nouveau pouvoir. Ainsi, les hommes d'autorité par excellence sont trop souvent conduits à servir les intérêts et à faire les affaires des ennemis de toute autorité.

Abordons une alternative inévitable : le gouvernement du prince Louis-Napoléon aura une longue ou une courte durée.

S'il doit n'avoir qu'une courte durée, ne vous trouveriez-vous pas placé, quand il aurait cessé d'exister, malgré un vote actuel en sa faveur, dans la position que provoquerait aujourd'hui à tort, suivant moi, et bien inutilement un vote hostile? Étranger de fait et d'intention à la chute de ce qui s'élève, en seriez-vous moins libre?

Si, au contraire, le gouvernement de Louis-Napoléon dure longtemps, à quoi vous aura servi d'avoir réservé votre liberté, sinon ou à vous paralyser *pour toujours*, ce qui reviendrait à mourir; ou seulement à vous abstenir *pendant un certain temps*, ce qui impliquerait une faiblesse de vue et de conviction qui ne pourrait que vous faire perdre en considération ce que vous chercheriez, peut-être en vain, à regagner en influence? Il est vrai que les ouvriers de la dernière heure ont un zèle incomparable!

En résumé, de quoi s'agit-il? de s'engager *à temps*... Vous qui, peut-être, avez prêté serment à Louis-Philippe, roi des Français (ne fût-ce que pour exercer des fonctions électives), ne vous êtes-vous pas engagé plus gravement qu'en déposant un vote en faveur d'un pouvoir électif délégué à terme? Cependant le motif de votre serment à la monarchie de Juillet ne saurait être comparable à l'importance du vote d'aujourd'hui.

D'ailleurs, n'avez-vous pas déjà voté pour le Président ou pour tout autre? S'agit-il de supputer les jours, et de regarder comme une félonie de donner un vote pour dix ans d'un calme probable, quand on a regardé comme permis ou insignifiant d'en donner un pour quatre ans d'un régime d'agitation et de troubles certains? Quelle est donc cette conscience qui se resserre pour peu que le terme s'allonge, qui devient craintive et timorée quand le temps est moins menaçant? Ou bien, par hasard, admettriez-vous qu'on ne dût se ranger autour d'un gouvernement que quand on peut avoir les coudées assez franches pour tourner contre lui les armes qu'il confie?

Ceci n'est pas un *plaidoyer bonapartiste*, mais une explication franche avec les hommes éclairés et honnêtes de tous les partis.

Que gagne le parti qui s'abstient ou qui s'oppose?

Admettons que de cette abstention ou de cette opposition sorte tout son effet, c'est-à-dire le renversement du Prince, l'abîme qui vient d'être fermé se rouvre à l'instant. La guerre civile serait le moindre malheur. Mais qui ne voit que la guerre civile ne se fait qu'avec des convictions ou pour des intérêts spéciaux qui n'ont plus la puissance de passionner le peuple, et qu'un nouveau bouleversement ne pourrait provoquer qu'un nouveau coup de main ou une guerre sociale, et l'envahissement, en définitive, par l'étranger ou par la barbarie ? Quel homme, ayant pour son pays quelques sentiments, je ne dirai pas d'amour, mais de pitié, oserait dire : « J'assume sur moi la responsabilité d'une révolution nouvelle ! »

Si notre société, qui se dissout par sa base, a une chance de se soutenir encore, c'est par le secours d'une main énergique qui recherche et ranime le peu de forces qui nous restent, et retende les grands ressorts de la vie sociale : l'idée de Dieu par la religion, l'habitude de la hiérarchie et de l'obéissance par l'armée et par une administration forte, le respect de l'autorité par une dictature providentielle.

FIN.

TYPOGRAPHIE HENNUYER, RUE DU BOULEVARD, 7, BATIGNOLLES.
Boulevard extérieur de Paris.